爆笑

人体探秘
（下）

牛八 编绘

二十一世纪出版社集团
21st Century Publishing Group

目录 contents

人物介绍

阿歪

小学五年级学生，人小鬼大主意多，是个让大人头疼的“小麻烦”。但是在同学中人缘很好，除了不受老师欢迎外，在学校还是蛮有声望的。

牛二

阿歪的爸爸，牛奔村的村长，喜欢喝酒，是一个很搞笑的人。

阿明

聪明的三好学生，帅哥一枚。喜欢安静，但是他的长相常常让他不得安静，因为追求他的女孩子实在太多啦！

小美

阿歪的梦中情人，阿明的野蛮女友（自认为），看到阿歪就想逃，但是见到阿明又走不动。哇哈哈！

肥肥

阿歪的同学，小胖子，吃货，除了吃就是睡，梦想是下辈子投胎当宠物。

黄书郎

阿歪的班主任，典型的势利眼，常常被阿歪捉弄，最大的愿望就是开除阿歪。

为什么会打喷嚏？

撒
阿——
阿——
阿嚏
阿明，真抱歉！害你的面也泡汤了……
没……没事。

要是我没打喷嚏多好！
那是不可能的啦！
鼻子在胡椒粉的刺激下，想不打喷嚏都难！
哦？
打喷嚏是人体通过鼻道排除刺激物和外来物的一种方式。
鼻子里有许多敏感的神经细胞，刺激物和异物进入鼻孔后，这些神经细胞立刻把情况传递到大脑。
大脑接收到信号后，向肺部的呼吸肌肉发出指令，猛烈地排出空气，将异物驱除。

人们在很多情况下会打喷嚏，如感冒、鼻炎、花粉过敏等。
阿嚏！
阿嚏！
哇！阿明，你知道的真多！
嘻嘻
还好啦！
那家餐馆不错哦！
是吗？
赶紧过去补回之前那顿吧！

为什么会长鼻毛?

啊

阿歪，是你爸爸呢！
爸爸，我回来了。
回来啦！哟，阿明你也过来玩啊！欢迎欢迎。
叔叔好。
爸爸，你该刮胡子了。
这个才不是胡子呢！这是可爱的鼻毛哦。
怎么样，看起来有男人味吧？
不会吧！
快剪掉啦！脏死了！
……

我干吗要剪，留鼻毛又没有害处！
不剪不行！
是吧！
只听说有留胡子的，哪有留鼻毛的！
别以为我会束手就擒！
呀！呀！呀！
……
服不服？快说！
哈哈哈，
你们怎么开始跳舞了？
可恶！
打死也不剪！
不要小看了鼻毛，知道为什么会长鼻毛吗？
为什么？

人体通过鼻孔呼吸，与外界进行气体交换。
这个我们都知道，我们想知道为什么会长鼻毛。
这对父子……
鼻是呼吸系统的入口，它由突出脸部的内外鼻腔组成，鼻腔入口处有许多起保护作用的鼻毛，它们能粘住从空气中吸入的大颗粒灰尘！
鼻腔
鼻孔内的鼻毛
鼻毛阻挡下来的灰尘和细菌被鼻黏膜粘住，随鼻涕一起排出。
带有粉尘和细菌的黏液
纤毛
上皮细胞
鼻黏膜和鼻毛一起守卫鼻腔，阻挡灰尘和细菌，是防止呼吸系统疾患的第一道防线。
明白了！
阿嚏

哇！
当有草屑和小虫子进入鼻腔时，鼻毛会传递信息给大脑，用打喷嚏的方式把小虫子赶走。
好恶心！
你现在知道鼻毛的好处了吧。
嗯……
阿歪，帮我拔一下鼻毛可以吗？
我才不要！
鼻毛太长会影响美观，大家要记得修剪哦！
走开！不要！
儿子，你太残忍了。

科普小知识 呼吸道传染病的预防

冬春季是呼吸道传染病的高发季节，天气骤变的情况下也易发病，常见病症有：流感、麻疹、水痘、腮腺炎等。那我们要怎么预防呢？

注意均衡饮食，按时作息，保证充足睡眠，避免过度疲劳。

教室、家里要经常开窗通风，每天至少三次，每次不少于10分钟。当周围有病人时，应增加通风换气的次数。

打扫卫生时，先洒水后扫地，免得灰尘飞扬开来。

要注意个人卫生，养成良好的卫生习惯：勤洗手，不用手挖鼻孔；咳嗽、打喷嚏时要用手帕遮住口、鼻，千万不要对着人；不随地吐痰，不乱擤鼻涕；个人使用的手帕要经常洗晒。

多吃含维生素B、C的食物，必要时可适当服用多元维生素产品，增强免疫系统抵抗病原体的能力，从而减少感冒的发生。

避免长时间在人群拥挤的地方逗留，减少通过空气传播感染病菌的机会。

为什么会有肚脐眼？

倒～
原来是小表弟啊，
吓得我……
……
哇！小家伙肚脐眼
挺大的嘛！
抠
抠
别乱碰！没见
过肚脐眼吗？
小美好凶啊！

要玩的话，玩你自己的！
哇哦！原来我也有啊！
为什么会长这玩意啊？
抠
抠
人在出生的时候会剪掉脐带，肚脐就是剪掉脐带后留下的疤痕！
在母体中的胎儿，虽然有嘴却不能进食，新生命在孕育过程中所需要的一切营养，
都是靠胎盘吸附在母体上摄取的，脐带就是输送营养的特殊管道。

婴儿生下来后，脐带完成了它的使命。
因为没有用处，医生就把它剪掉了。
哦！原来如此，哈哈！
完全不懂
我要去冲奶，你帮我照顾一下他吧！
好！
呵呵呵……
想不到阿歪挺会带小孩的嘛。
呵呵……
怒！
阿歪大坏蛋

感冒时吃东西为什么没味道？

你感冒了？
是啊！
咳！
咳！
昨晚我把空调开到最低，结果早上起床就感冒了！
……
你病这么重还去学校啊，赶紧回家休息吧！
不行。
今天学校的午餐有我最爱吃的多春鱼！
流口水

丁零零
午餐时间到！
……
吃
吃
吃
啪！
怎么了？
为……为什么
我吃东西……
……一点味
道都没有？
别担心，你只是因为
感冒才这样的！
嗯？

因为吃东西时是要靠舌头和鼻子一起来品尝。
除了舌头识别味道以外，还要靠鼻子的闻味神经将味道传给大脑！
而在感冒时鼻腔内的鼻黏膜因为充血肿胀使鼻子不通气，鼻塞了自然也就尝不出味道了！
原来如此，现在我可以安心吃饭了！
我的饭呢？
我看你一直不吃，就帮你吃了。
……

科普小知识 如何保护舌头的味觉

要感知食物的色香味美，就要注意保护舌头，让味觉的机能不受损害。

1. 少吃过于粗糙的食物，如甘蔗一类，它们容易使舌面出现芒刺，损害味蕾。

2. 过酸过甜和过冷过热的食物也容易造成味蕾的损伤，使人产生舌体麻木感。

3. 感冒发烧时容易暂时失去味觉；营养不良和患消化系统疾病时，则易患舌炎。

4. 当味觉出现迟钝现象，可以多吃含锌元素的食物，因为锌能提高味觉的敏感性。含锌较多的食物有牡蛎、猪瘦肉、牛肉、羊肉、牛乳、蛋、鱼、核桃、榛子、花生、芝麻等。

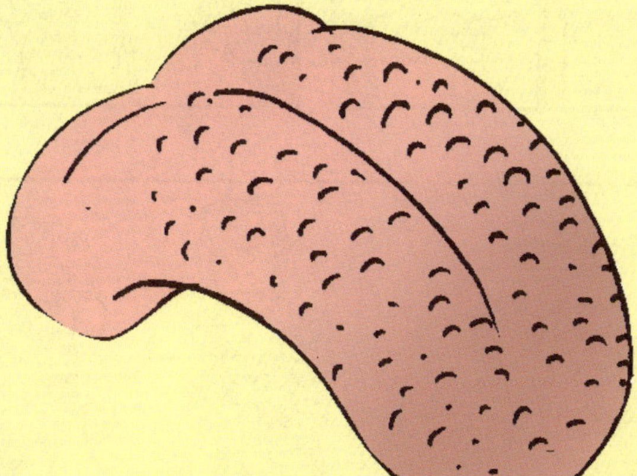

为什么会长腋毛？

你把腋毛刮了当见面礼啊？真变态！
混账！谁会拿腋毛当见面礼啊？！
听说男人有腋毛更性感！
哦？
你看！
性感的腋毛
噢！超赞！
不错吧？

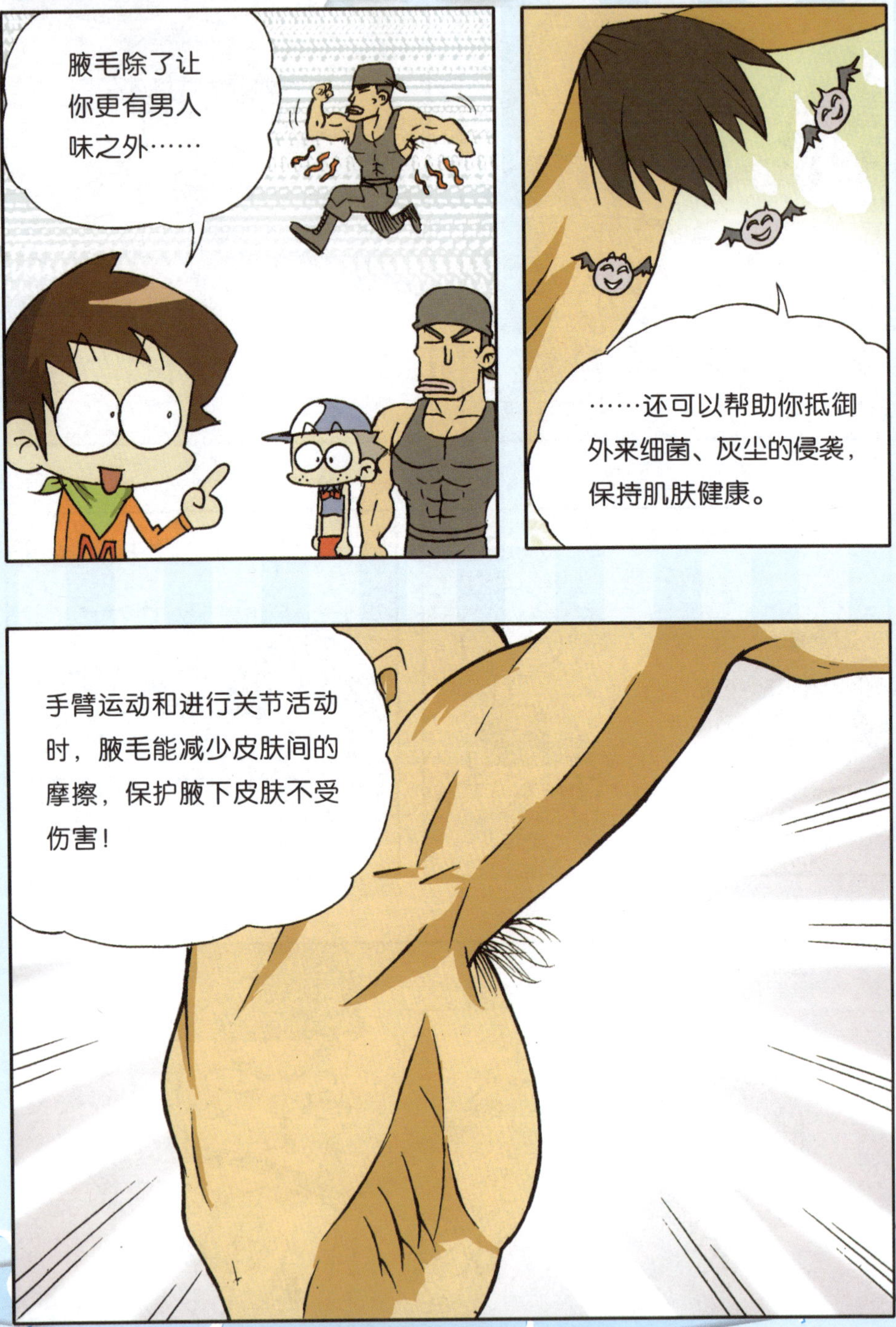
腋毛除了让你更有男人味之外……
……还可以帮助你抵御外来细菌、灰尘的侵袭，保持肌肤健康。
手臂运动和进行关节活动时，腋毛能减少皮肤间的摩擦，保护腋下皮肤不受伤害！

唉……竟然亲手刮了这么宝贵的腋毛。
放心啦！我有办法帮你！
强力胶
次日
你们两个小子别跑！
还说什么男人有腋毛最性感！
她一见到我有腋毛，扭头就跑了！

为什么肚子饿了会咕咕叫？

其实我是又饿又累，我们先找个地方坐下来吃点东西吧！
咕咕咕咕咕
就知道你是肚子饿！
真是的，那我们先休息一下，吃点东西吧！
好哇！
嗯。
哈哈，这面包真好吃。
阿明，你知道肚子为什么会咕咕叫吗？

我们平时吃下去的食物被送到胃里，进行揉碎加工，胃分泌出来帮助食物消化的液体叫胃液。
胃液和胃蠕动，一起把食物揉碎消化，送进小肠。
胃排空后，只剩下胃液和吃饭时进入胃内的气体。这时胃继续蠕动，气体和胃液被挤压得东逃西窜。
就像洗衣服时，衣服里包着水和空气一样，一揉一搓就发出咕咕的声音了。
咕 咕
咕
只要按时吃饭，肚子就不会咕咕乱叫了。
我知道了，还要多吃才行！

不会吧！
你到底吃了多少食物呀？
嘻嘻……我多吃点，等下爬山肚子就不会再饿得咕咕叫啦。
笨蛋，你这样怎么爬山呀？！
呀！
砰

科普小知识 养胃的食物

糙米

糙米含丰富的蛋白质、纤维素（是大米的两倍）、矿物质、铁质及维生素B，能净化血管，促进新陈代谢，帮助消化及清理肠胃。研究显示，长期进食糙米有助于将毒素排出体外，此外它还能平衡血糖、防止尿酸过高。

红薯

红薯含有多种不易被消化酶破坏的纤维素和果胶，能有效刺激消化液分泌及肠胃蠕动，清理肠胃、治疗便秘、排出宿便。红薯还是一种低热能、低脂肪的食品，每100克红薯中只含有0.2克的脂肪(仅为大米的1/3）。

木瓜

木瓜里的蛋白能分解酵素，可帮助分解脂肪，减低胃肠的工作量，木瓜中还含有果胶成分，具有清理肠胃的功能。不过，木瓜应在饭后1—2小时食用，如果吃饱饭后立即吃，只会加重胃部负担。

酸奶

酸奶除了含有丰富的钙质外，还能调理肠胃内细菌平衡，净化肠胃，刺激肠胃蠕动，防止便秘，减少肠胃疾病发生。但要注意的是，酸奶饮料或者乳酸饮料是被稀释后的饮料，效果没有浓稠的酸奶好。

为什么会失眠？

……
……
……
……
你也失眠啦？！
昨晚喝了三十杯拿铁咖啡，精神振奋得睡不着觉！
哇！你太能喝了！
一想到快要期中考试，还要去参加无聊的培训班，就烦恼得睡不着觉……

我牙痛！昨晚痛得完全睡不着觉！
昨晚我老爸喝醉了，闹了一整晚……
该怎么办啊？
再这样失眠的话，我会崩溃的！
我有办法帮助你们！
!!!!!
小美！
像你们这种失眠的情况，不难解决的。

马脸，你只要睡前不喝咖啡就可以睡好。
……
肥肥赶紧看牙医，治好牙就可以高枕无忧了。
对哦！只要不喝咖啡，治好了牙，我们就能睡好觉了！
两个傻瓜！
恍然大悟
阿歪，你要想办法制止你老爸喝酒！
那是不可能完成的任务。
至于阿明嘛……
……
对付精神紧张的办法就是放松，而放松最好的办法是运动！
走，咱们打羽毛球去！
啊？等等！我也要去！

为什么会有爱情荷尔蒙？

你……你是阿歪吗？怎么变得这么耀眼？
嘿！
今天可是我跟小美表白的好日子啊……
等着我的好消息吧！
哈 哈 哈
看来恋爱真能改变一个人。
然而失恋对一个人的改变更大……

被甩了，百分百被甩了！
哈哈！少年为失恋而烦恼吗？
无视
咦？
等等啊！我可以让你恋爱成功！
!!
真的吗？什么方法？

其实很简单，只要提高爱情荷尔蒙就行了。
爱情荷尔蒙？
当两个相爱的人在一起时，人体就会分泌一种化学物质。
这种物质就是爱情荷尔蒙。
爱情荷尔蒙一般只存在体内一年。
当数量减少时，相爱的一半就会嫌弃另一半！
我这里有提升对方爱情荷尔蒙的——
爱情玫瑰！
多少钱？
成本价只要998元。
骗人的！绝对是骗人的。

小美，我来了！
谢谢惠顾！
阿歪，你被骗了！
小美！
啪！
哎呀！
爱情荷尔蒙
撞！
妈呀！
阿歪，等等人家啦！
?
妈呀！还真有效！

科普小知识

怎样预防失眠？

失眠时想睡却又睡不着，是件非常痛苦的事情。除此之外，长期失眠对我们的健康也非常不利。我们该怎么预防失眠呢？

睡眠诱导

聆听舒缓而有节奏的音乐，例如：主旋律是蟋蟀叫声、滴水声或春雨淅沥淅沥声的音乐，或催眠曲。这样有助睡眠，还可以因此建立诱导睡眠的条件反射。

多吃水果

因疲劳而难以入睡的人，不妨食用苹果、香蕉、橘、橙、梨等水果。因为这类水果的芳香味对神经系统有镇静作用，而且水果中的糖分，能使大脑皮质更容易进入睡眠状态。

放松身心

身心松弛，有益睡眠。睡前到户外散一会儿步，上床前洗个澡，或用热水泡脚，对顺利入眠很有帮助。

喝热牛奶

睡前喝一杯热牛奶。据研究表明，牛奶中含有微量吗啡类物质，具有镇定安神作用，能够促使人们安稳入睡。

自然的心态

出现失眠不必过分担心，越是紧张，想要强行入睡，结果往往适得其反。有些人对连续多天出现失眠更是焦虑不安。这类情况所致的过分焦虑，对睡眠本身及健康的危害更大。

为什么会长胎记？

阿歪和阿明在马脸家的泳池游泳。

这次谁输了，就得一口气喝完一大瓶可乐！
人称浪里小白龙的我怎么可能输？！

比游泳的话，我还没输过！
什么？
阿明游得好快啊！

第一名！
可恶。
怎么感觉下半身凉凉的……
天哪！游得太猛，泳裤落泳池了！
光屁屁
等等，阿明！
?!
你屁屁上有东西！

是猫的图案。
难……难道是？
刺青吗？
我还是学生，怎么可能会有刺青？！
这是胎记！
胎记？
胎记又叫母斑或者痣，是先天形成的。
它是人体皮肤组织在发育时出现的异常现象。
胎记的颜色多样，有黑、红、紫、褐和肤色。
大部分色素形成的胎记在表皮下面，不痛不痒，除了影响美观之外，对人体无碍。

胎记一般长在屁股上吗？
不一定！
它们分布在身体各个角落，
如脸部、背部、四肢等。
好羡慕你！我也想有一块胎记！
啊？
说不定我屁股上也有一个，你帮我看看！
脱
少恶心了，我才不看呢！
……

为什么紧张时手心会冒汗？

500万没了，全泡汤了……
牛二，你别想不开呀！
都怪我不好，竟然把彩票弄湿了……
牛二，别哭了，多丢人呀！
为了再中奖，我现在去卖血换钱买彩票。
这次一定要中一千万。
你中一千万也没用啊，你只要把彩票拿在手上，就会被手中的汗弄湿。
那你告诉我，人在紧张时，手心为什么会冒汗呢？

出汗是一种正常的生理现象，在人的身上分布着两种汗腺，一种是在腋窝等处的大汗腺，另一种是遍布全身的小汗腺。
表皮
真皮
皮下脂肪
小汗腺
大汗腺
人身上的汗腺约有200—300万个，每一块指头大的皮肤就约有80—200个汗腺。
你存在，我婶婶的脑海里
人在休息时，每天排汗约为500—700毫克，因为量少而不易被察觉。
当人在剧烈运动或在高温下工作时，每小时身体排汗可达1000—2000毫升。
Bo
人的运动量增加，排汗就多，这也是为什么我们运动时排尿少的原因。
嗯。

而手心出汗大多是因为受到外界事物的刺激。
没错，我一紧张手上的汗就特别多。
500万没了……
人在紧张、恐惧、兴奋等刺激下会引起神经冲动，接着大脑皮层将信息传递到手掌心小汗腺处，
小汗腺快速分泌汗液，导致手心大量出汗。你中了彩票太兴奋，所以手上会大量出汗哦。
呵呵……我想到了一个好办法。
？
第二天
不是吧！你花了多少钱买这些彩票呀？！
哈哈，只要穿上这件太空服，就不怕汗滴到彩票上了。

科普小知识 胎记是怎么形成的？

有的人身上甚至脸上会长胎记，十分影响美观。如果胎记是由一些外界因素引起的话，我们可以提前预防，避免胎记的形成。

外部环境：环境污染是引起胎记的主要原因之一。人体在受到外界环境污染的刺激后，会产生不同的反应，而胎记就是一种。

生活环境：主要是指后天环境。由于个人不良的生活方式，如长期不规律进食，睡眠不足，吸烟酗酒等，都有可能在一定条件上激化机体，从而形成胎记。

遗传因素： 人们普遍认为这是引起胎记的最主要因素，但到目前为止还没有确凿的科学依据。有生物学者认为胎记的形成是人类进化过程中染色体的突变，进而通过遗传体现在人的皮肤上的。

营养不良： 人体由于缺乏某些营养物质，如钙、铁、锌、镁等，容易影响色素合成的生化过程，从而导致色素细胞分泌色素增多，并且通过神经传导至表皮，逐渐蔓延，最后形成胎记。

以上就是胎记形成的各种原因。在生活当中，大家应该多补充身体必需的微量元素，养成良好的生活习惯，避免因外界因素而导致胎记的产生。

为什么睡觉时会打呼噜？

呼噜

小美，给你买的冰激凌。
哇！看上去很好吃。
草莓口味最受女生欢迎！
嗯，我平时最爱吃这个口味啦！
呼噜
怎么回事呀？
啊！
呼噜
呼噜
小美！
阿歪，救我！

小美，别离开我啊！
呼噜
呼噜
原来我是被他的呼噜声吵醒的。
呼噜
呼噜
呼噜
哇！阿歪你干吗打我呀？我做错什么了？
咚
都怪你把我从美梦中吵醒。
嗞
打呼噜不过是一种常见的睡眠现象，干吗少见多怪呀？
可是你打呼噜吵到别人就不对。
人为什么会打呼噜呢？

睡觉时由于神经兴奋度下降，肌肉变松弛，使气道变窄，呼吸时气流通过狭窄部位，产生涡流并引起振动，才发出呼噜声。
那打呼噜会危害人体健康吗？
当然会啊。
打呼噜最大的危害就是导致呼吸暂停，造成大脑、血液缺氧，严重时会诱发疾病，甚至威胁生命。
阿歪，我已经打了十几年的呼噜了，要改也改不掉了吧……
唉，我还是到客厅睡，免得被你吵醒。
凌晨3点
呼噜噜
呼噜
呼噜

呼噜呼噜
老爸这呼噜打得也太响了。
叫人怎么睡呀！
起身
得想个办法才行。
呵呵呵！
我贴！
我贴！
终于可以睡个安稳觉了。

为什么说大脑是人体的指挥中心？

是……狗屎！
我……右边身体不能……动了！
阿歪，你没事吧？撞到哪里了？
喂！120吗？我朋友撞伤了，你们快派车过来，地点是闯红灯路撞不死街……
Bi BU
Bi BU
医生，拜托！
一定要救我儿子呀！
放心吧！你儿子只是左脑轻微震荡，休息两三天就没事了……
真的吗？
可为什么阿歪左脑被撞，右边身体却不能动了呢？

人体器官能有条不紊地分工、协作，是因为受神经系统“司令部”——大脑的指挥。人的大脑分为不同的区域，如运动区、感觉区、思维区、语言区、听觉区……
运动区
思维区
感觉区
语言区
听觉区
人的左脑管理身体右侧，右脑管理身体左侧。
哦！
我知道了，所以阿歪撞到左脑后，右边身体就没法动了。
是的。
叽叽歪歪，有完没完！还让不让人睡了？

一星期后
阿明，快看，我的身体全好了，活蹦乱跳的！
跳起
你可别乐极生悲哦！
还是阿明最关心我了，
我住院这几天，天天来看我！
少嘴甜了……
滴
鸟屎……
呃，我爸是奥巴驴，我是钢铁王……
阿歪，你没事吧？你的小脑袋也太脆弱了吧！

科普小知识 预防打呼噜的方法

打呼噜是睡眠中普遍存在的一种现象，目前大多数人对此不以为然，还有人把打呼噜看成睡得香的表现 。其实打呼噜是健康的大敌 ，那怎么才能预防呢？

1. 增强体育锻炼，保持良好的生活习惯。
2. 对于肥胖者，要积极减轻体重，加强运动。

3. 采取侧卧位睡眠姿势，尤以右侧卧位为宜。
4. 选择适当的枕头，有人认为把枕头垫高有助于改善呼吸，事实上，这样做适得其反。
5. 使用加湿器能保持室内空气湿润，避免喉部和口腔干燥。
6. 睡前吃些蜂蜜。蜂蜜有助于润滑喉咙，通畅呼吸道，所以可在睡前饮用的安神茶中添加一些蜂蜜，预防打呼噜。

为什么会放屁?

呃！
扑
倒
吐
倒
什……什么情况？
我刚才只是放了个屁罢了！
唔！
又……又想放屁！
捂住
肚子这么胀，这个屁不得了。
快找东西塞住，把屁堵回去！

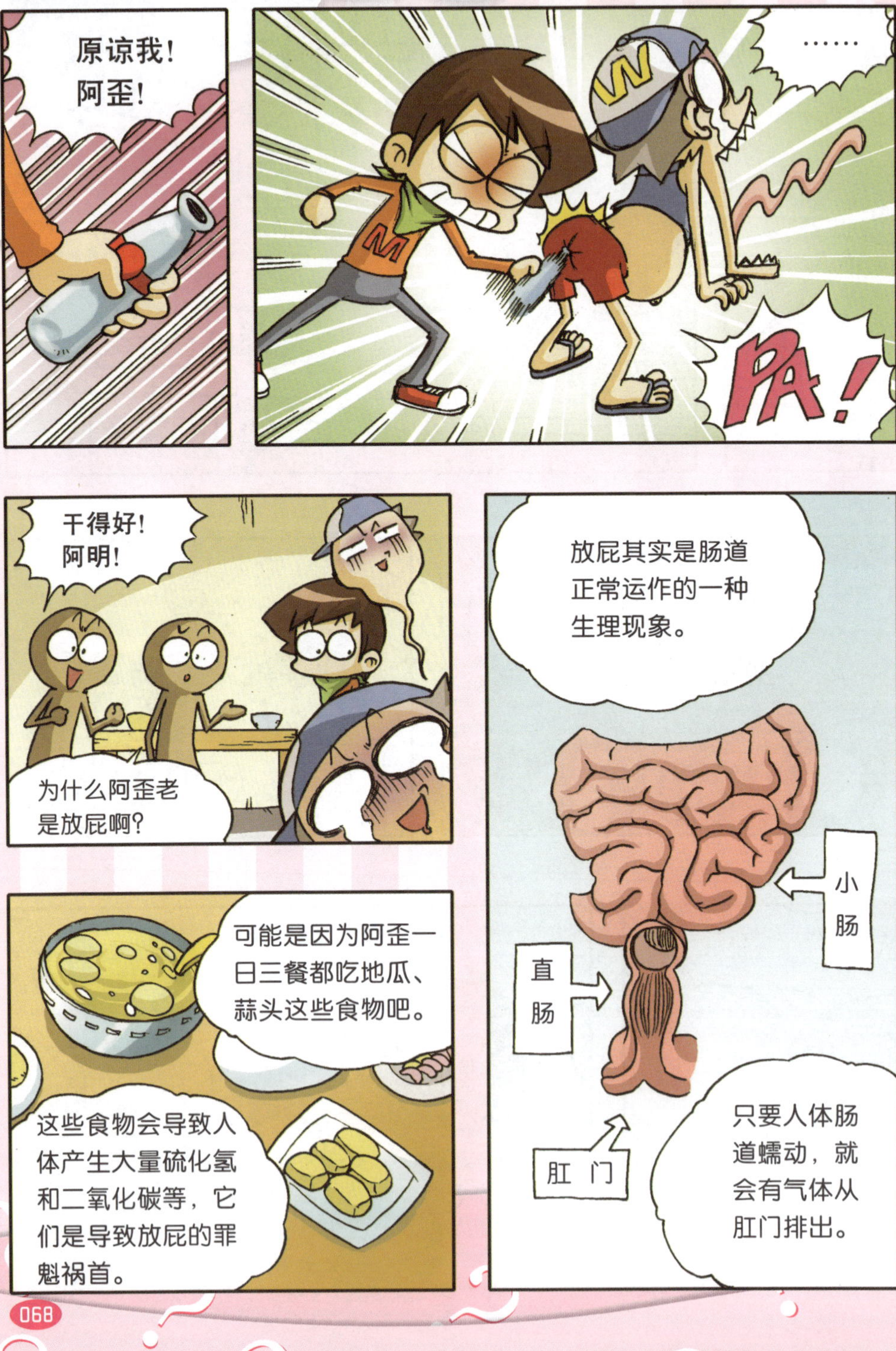
原谅我！阿歪！
……
PA！
干得好！阿明！
为什么阿歪老是放屁啊？
可能是因为阿歪一日三餐都吃地瓜、蒜头这些食物吧。
这些食物会导致人体产生大量硫化氢和二氧化碳等，它们是导致放屁的罪魁祸首。
放屁其实是肠道正常运作的一种生理现象。
小肠
直肠
肛门
只要人体肠道蠕动，就会有气体从肛门排出。

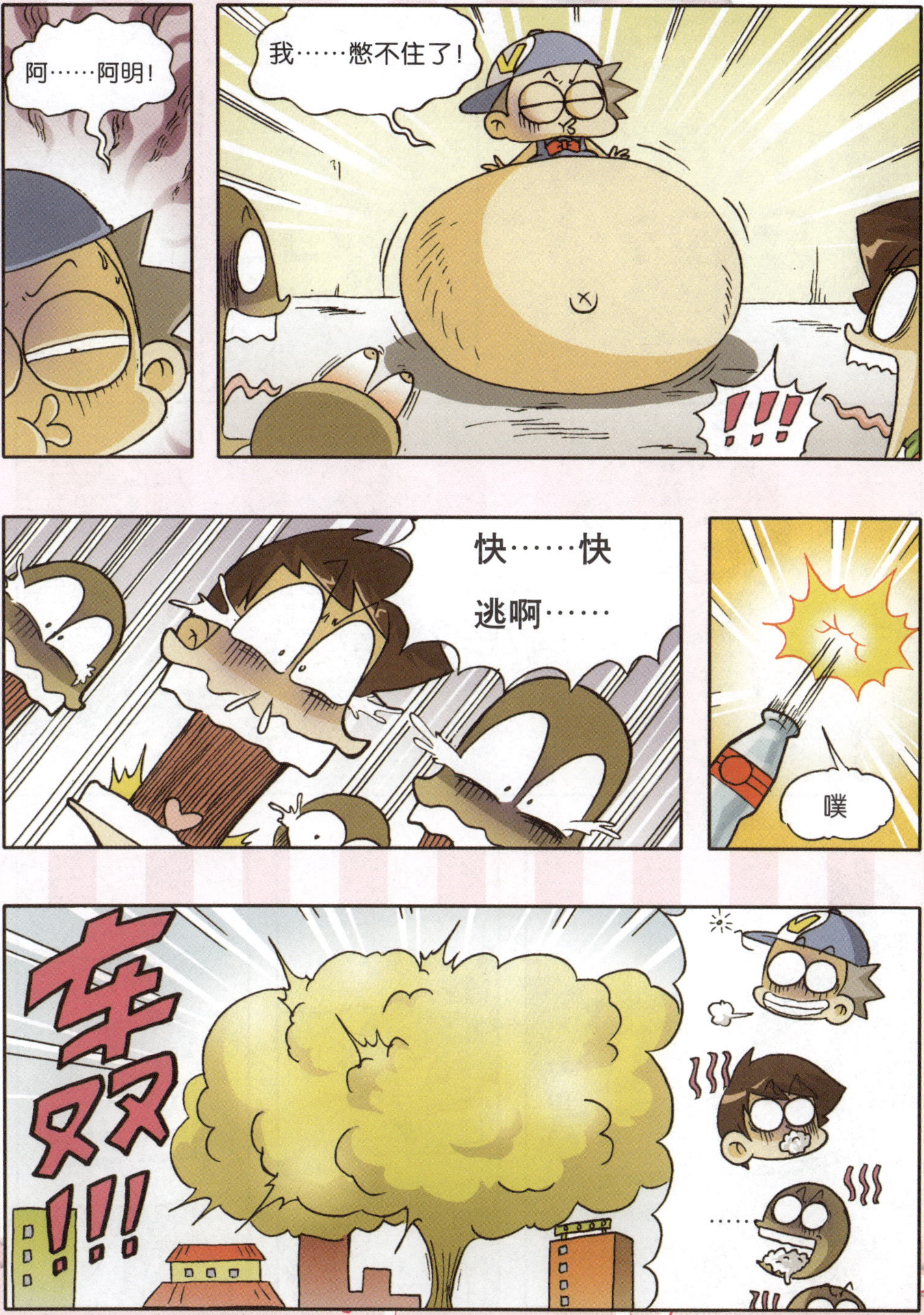
阿……阿明!
我……憋不住了!
!!!
快……快
逃啊……
噗
轰!!!
……

为什么会近视？

Hi！
我的眼镜！
大家早上好呀！
早上好阿明，你今天好帅。
戴上眼镜，更像高材生了。
果然！戴上眼镜比较受女生欢迎呢！呵呵呵！
阿明，你干吗戴眼镜呀？
当然是因为近视！

因为最近学业繁重，看书太多，导致视力模糊，所以我爸给我配了这副眼镜。
还以为你是为了受女生欢迎才买眼镜戴的呢！
没……没这回事！
你戴眼镜的话，今天的足球比赛就不可以参加了。
呜呜……都怪自己每天晚上睡前看漫画，导致现在近视。
还以为你用功读书呢！
阿明，为什么眼睛会近视呢？

眼睛的结构和照相机相似，角膜和晶状体将物体聚合屈折，并对焦成清晰的映象，就好比照相机的镜头！
物体通过眼睛的晶状体在眼球后部的视网膜上成像。
看远物时，眼睛的睫状肌放松，晶状体的形状较扁平。
看近物时，睫状肌收缩，晶状体凸度加大。
一旦眼睛过度疲劳或长时间近距离看事物，眼睛的睫状肌就会长时间压迫晶状体，使得凸起的晶状体无法恢复扁平状，形成近视。
M

原来如此啊！
没错。
那下午的足球比赛你还要参加吗？
?!
当然，不戴眼镜我也知道球在哪里！
哦。
下午3点
阿明，球给你。
看我的无敌大射门！
?!
咚
耶！我进球了！
干吗把球射进自家大门？
看来，近视眼不适合踢球！
蠢蛋！
阿歪！救命！

科普小知识 预防近视的食物

保护视力，预防眼部疾病，需要从多个方面着手，其中调节饮食对改善视力有一定的帮助。为避免孩子过早戴上眼镜，在日常饮食中，以下几类食物是不可缺少的。

富含维生素A的食物

维生素A最好的食物来源是各种动物肝脏、鱼肝油、鱼卵、禽蛋等，同时胡萝卜、菠菜、苋菜、苜蓿、红心甜薯、南瓜、青辣椒等蔬菜中也含有丰富的维生素A。

富含维生素C的食品

含维生素C的食物有柿子椒、西红柿、柠檬、猕猴桃、山楂等新鲜蔬菜和水果。

硬质食物

常吃硬食者，视力差的人很少。这是因为咀嚼可增加面部肌肉包括眼肌的力量，使之具有调节晶状体的强大能力，避免近视的发生。

比较适合儿童的硬质食物有：胡萝卜、水果、甘蓝、动物骨头、豆类等。这些食物既营养又能预防近视，特别值得推荐。

含钙食物

钙是我们较为熟悉也颇为重视的一种矿物元素，但大家对它的认识还是集中在增进骨骼发育、防止儿童佝偻病等方面，很少将它与眼睛的发育联系起来。然而医学专家们指出，钙的缺乏是造成视力发育不良乃至形成近视的重要原因之一。含钙高的食物有：牛奶、豆制品、鱼虾、动物骨头等。

心脏为什么会一直跳动?

哗——
呃……水?
……
谁家的孩子呀?
敢来勾引我们家宝贝。
喵喵喵，吵死了!
小美妈妈的脾气跟小美一模一样呀!
慢点!
乖乖，
我是不会让那些野猫来骚扰你的。
喵——

呼
呼
呼
呼
呼
我好紧张呀，心脏不停地跳。
扑通扑通
我想让心脏跳慢点，可是慢不下来！
它可不是你想怎样就会怎样的。
心脏跳动的频率是直接受外部刺激影响的，当人受到某种刺激时，心脏会跳得比较快。
心脏由心肌构成，心肌有自动收缩的特性。
心脏
扑通
扑通
扑通
动脉
心脏就像一个不知疲倦的动力泵，只要生命不息，它就跳动不止。
扑通

心脏同时还推动血液在血管里来回流动，
大动脉
扑通
心脏
推动
流动
血管
为身体各处送去氧气和养料，同时运走废物，
保证生命活动顺利进行。
阿明，阿歪，你们怎么跑到这里来了？
小美！
我们刚才被你妈发现了，还被泼了一盆水，能不跑吗？
是呀，是呀！
她刚才没有发现你们，她以为是勾引我家小花的公猫。
丫头，原来你跑到这里来了！

大便为什么是臭的？

阿歪他们在野外做“叫花鸡”。
好！踩实它！
踩
踩
踩
踩
搞定！现在只要等它焖熟就可以吃了。
咕噜咕噜
你肚子怎么叫得这么厉害？
咕噜噜
又饿又想大便啊……

要大便走远点，
可别熏到我们！
……
先在这里休
息一下吧！
过了一会儿
应该好了！
挖！挖！
……
动手吧！
!!

妈呀！叫花鸡焖成一坨屎了！
屎我闻多了，但像这么臭的还真是闻所未闻！
屎
消化酵素
细菌
臭
大便
臭
大便的气味是由我们消化道所产生的消化酵素及细菌分解的产物所致。
如果我们常吃刺激性的食物，饮食不均衡，消化道有问题，排出的大便就会特别臭！
只吃肉
臭
各类食物
没那么臭

唔……
干……干吗这样看我？
阿歪你嘴角还粘着一块鸡肉哦……
不会吧？我明明擦干净了啊！
哼！真的是你！
糟了！
灭了他！
砰

健康小知识 保护心脏的6个建议

警惕压力过大

当一个人感到有压力时，身体会释放减压物质，所以一般的压力对身体不会造成伤害。但是当压力过大且长期侵扰身心时，心脏就会被“压”出毛病，产生如坐立不安、容易流泪、对日常的琐事力不从心、食欲大减、注意力难以集中、睡眠受到干扰等现象。千万别把这些症状不当回事，要及时采取行动为身体减压。

学会最佳的放松技巧

平躺，双臂放松，置于两侧，深呼吸几次。接着收紧脚趾部位的肌肉，数三下，然后放松。按照该方法放松身体的每一组肌肉群，整个过程要保持深呼吸。锻炼完毕后，深呼吸放松，然后慢慢起身。

多吃复杂碳水化合物

碳水化合物是饮食的重要组成部分。复杂碳水化合物富含淀粉和纤维，到达体内后可以缓慢释放能量。全麦食品、谷类食品、糙米、燕麦片、荞麦和土豆都属于复杂碳水化合物。

别忽视自己的腹部不适

当心肌疲劳、受损、心律失常等情况出现时，心脏无法获取充足的血液。此时，一些人不会表现出胸闷、胸痛等典型症状，仅出现腹痛、腹胀、消化不良，特别是年轻人，应当引起重视。

抑郁情绪必须“消化”掉

抑郁的原因各种各样，如果你的心脏不好，那就更要小心了。抑郁会增加心脏的负担，所以当抑郁来临时，试着摆脱它，多笑笑吧！

运动比减肥更重要

经常锻炼的人，心血管发病率较低。处于生长期的孩子更应该适当运动。

小伙伴们，你都记住了吗？可别说我没有提醒你们哦。学习压力大，一定要劳逸结合，适当放松。否则你的小心脏就要抗议了！

为什么会便秘？

便！
秘！
我已经四天没有解大便了！
我注意饮食，吃饭细嚼慢咽，没想到也会便秘。
时代变了，人们吃的东西越来越精细，这样很容易便秘。
听不太懂，你说详细点。
便秘和我们现代人的饮食习惯息息相关，如今菜品和米饭都越来越精细。
高蛋白的食物被人体吸收消化后，形成的残渣分量太少，很难刺激到肠壁使人产生便意。

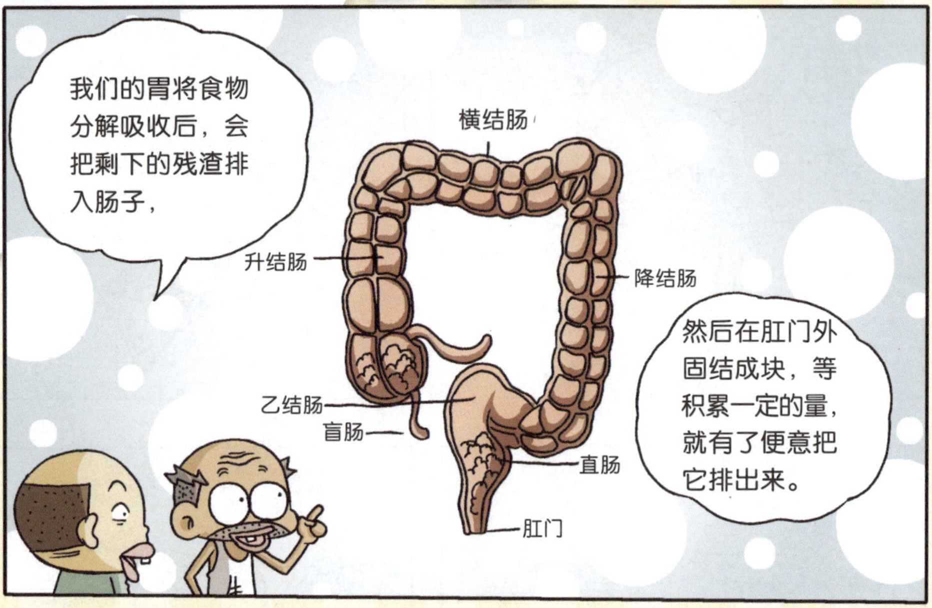
我们的胃将食物分解吸收后，会把剩下的残渣排入肠子，
横结肠
升结肠
降结肠
乙结肠
盲肠
直肠
肛门
然后在肛门外固结成块，等积累一定的量，就有了便意把它排出来。

当食物残渣量太少，对肠壁刺激不够时，人们往往不会马上排便。
当有便意，但又不去排泄的时候，粪便就会被憋回肠子里。

肠子内的粪便原本是稀软的，可粪便被憋回肠子内后，其中的水分会被吸干，变得像石头一样又干又硬，这个时候你再想排出来就难了。
特别是老年人的脏器功能退化，肛门括约肌排便无力，大便就赖在肠子里不肯出来了。

只要改变饮食习惯，多补充膳食纤维就可以解决便秘啦。
真的吗？我现在就去买。

哈哈，我这刚巧有一瓶膳食纤维片，自己人我算你八折，888元。
难怪讲解得那么卖力，原来是推销这个的啊……

700!
我才不会花那种冤枉钱，你还是推销给别人吧。
600!
400……

为什么会有腋臭？

臭死了。
牛
嘻嘻。
等下要和小美约会，得好好打扮。
享受
喷点香水才能显得我绅士。
好……困……
爸爸！
阿歪，你一大早喷香水干吗？
我……身上有臭味。
牛

所谓的男人味指的
就是狐臭味呀！
干吗要用香水
盖住？
臭
好……
臭……
呕
我这狐臭可是迷倒
过万千美女的啊。
才怪！
那你知道人为什
么会有腋臭吗？
这个……我也
不知道……
腋臭是因为人体腋下
汗腺分泌旺盛所致。
……

由于腋窝皮肤温暖潮湿，通风不良，常会滋生细菌。
当汗液排出皮肤表面后，受到细菌的分解，就会散发出类似狐狸身上的特殊气味，也就是腋臭。
哦。
你身上这么浓的狐臭，一定是几天没洗澡了吧？
可我喜欢这味道啊。

你自己在家闻你的臭味吧。
我要和小美去逛街了。
哟！小样有出息啦。
小美！
阿歪，你身上喷的是什么香水呀？很香呢！
是花露水哦！
花露水

科普小知识 能帮助消化的食物

消化不良的时候，会出现腹胀、食欲不振、恶心等症状，令人非常不舒服。有哪些食物能帮助消化呢？让阿歪告诉你吧！

酸奶

酸奶不仅保留了鲜奶中的蛋白质、脂肪和糖类等营养成分，还能刺激胃酸分泌，增加食欲，促进人体新陈代谢，使营养易被吸收。

西红柿

西红柿营养丰富，又有多种功用，被称为神奇的菜中之果。西红柿中还含有一种特殊成分——番茄素，有助于消化，能协助胃液消化脂肪。

橘皮

橘皮对消化的促进作用主要表现在其中含有的挥发油对消化道有刺激作用，可增加胃液的分泌，促进胃肠蠕动。

苹果

苹果既能治便秘，又可治腹泻。苹果中所含的纤维素能使大肠内的粪便变软，其丰富的有机酸，还可刺激胃肠蠕动，促使大便通畅。

香蕉

香蕉有助于恢复肠道功能，特别是腹泻或醉酒之后。同时还能恢复人体电解质和钾，其中富含的纤维素有助于消化。建议每天吃一根香蕉。

为什么会长睫毛？

哎哟！
咚
哎哟！
阿歪，你怎么这么不小心！
对……对不起……
啊，我的假睫毛不见了！
小美，你的睫毛本来就很长，干吗还戴假睫毛呀？要是被老师看见会挨骂的！
闭嘴！快给我找假睫毛！

小美，为什么人会长睫毛呢？
这个我也不知道。
睫毛可是眼睛的保护盾哦！
睫毛不但可以防止灰尘、异物、汗水进入眼睛，还能遮挡阳光，保护眼睛不受紫外线的伤害。
嗯。
阿明知道的真多！
大家要好好保护睫毛才行哦！
原来是这么一回事呀！

你们两个慢慢聊，
我去倒垃圾。
哦。
赶紧开溜才
是王道。
我好像忘记
了什么……
?
你刚才不是要
阿歪找东西吗?
啊!
阿歪，快帮我把
假睫毛找回来!
糟了!

为什么会有口臭?

人民银行
200
唉……工作难做，钱越来越难赚了。
哇！怎么回事？取款机吐这么多钱！
一共一万三千块。
请问您需要办理什么业务?
外面的取款机系统出了问题，往外喷了很多钱！
不是取款机系统出问题，是你口臭，把它熏吐了！

哈哈……牛二，你还真是糗呢！
……
你也来银行取钱呀？
阿来，你知道为什么会有口臭吗？
引起口臭的原因有很多，比如单纯性口臭和……
什么是单纯性口臭？
单纯性口臭主要是由于不注重口腔卫生而产生的。
口腔内残留的食物在细菌的作用下腐烂后，会发出像臭鸭蛋一样难闻的气味！
牛
臭鸭蛋

可是我听说胃不好才会口臭呀！
口臭除了单纯性口臭之外，还可能是体内疾病的外在表现。
在治疗口臭时，先找医生咨询，查清楚自己是属于哪一类，再对症下药。
明白了！
阿来，你陪我去医院看看吧！
好啊！走吧！
医院

你哪里不舒服啊？
我想看看我的口臭。
牛
那你张开嘴让我瞧瞧。
好臭呀！

科普小知识 口臭吃什么水果好？

大家都知道，口臭是生活中比较常见的一种现象。它会给人们的日常社会交际带来许多尴尬，还会给口臭者造成一定的心理影响。吃什么水果能缓解口臭呢？让阿歪告诉你吧！

梨

梨含有丰富的维生素A、B、C、D、E和微量元素碘，不仅可以帮助器官排毒、净化，还可以缓解消化不良、便秘等症状，有效减少因废弃物堆积产生的口臭。

火龙果

火龙果含有丰富的维生素、花青素、水溶性膳食纤维等有益物质，不仅可以使胃肠很好地消化和吸收食物，也可以减少因废弃物堆积而产生的口臭。

柚子

柚子中含果胶物质，不仅可以帮助心血管系统健康运转，还可以增强胃肠的蠕动，帮助排便，从而起到缓解口臭的作用。

苹果

苹果中含有的苹果多酚，使它成为一种治疗口臭的有效食物。苹果多酚具有抗氧化、消臭及防治维生素损失等作用。

青少年为什么不能饮酒？

呜~呜~呜~
零用钱都被……
抢……了。
这本莫非就是江
湖上失传已久的
武林秘籍?
醉拳
我一定要学会醉拳,
维护世界和平。
要练此功,
必先喝酒。
我喝!
阿歪,你
干吗喝我
的酒?

臭小子，小小年纪学人家喝酒。
青少年正处于发育期，饮酒对生长和发育会带来严重影响。
怎么这么不懂事呀？！
呜呜……
我要速练醉拳，维护世界和平呀。
笨蛋，书上说的怎么能信呢？
牛
青少年喝酒会降低免疫力，加重肝脏负担，造成记忆力减退。
牛
有这么严重吗？
牛

看来我得证明给你看……
爸爸，你带我来……这里……干吗？
跟着走就行！
在这里躺着的都是我们的祖先。
他们都是因为酒精中毒死的。
我喝了太多酒，可能日子也不多了……
不是吧？！

青少年为什么要预防肥胖？

肥肥，他们是看你太胖，人又敦厚，所以才欺负你的。
胖点有什么不好？
不行，青少年一定要预防肥胖。
为什么？
世界卫生组织警告称，超重和肥胖是全球导致死亡的第五大风险。每年光胖死的人就至少有280万。
280万
不会吧？！

肥胖不仅影响体型，还容易引发糖尿病、高血压、冠心病、高血脂症、胆石症和中风等各种疾病。
青少年肥胖容易发展为成年肥胖，现在不预防，以后就很难减下来了。
那我要怎么做才好呢？
来吧！
和我一起爬山锻炼吧！
于是……

我……累死了……
我们……休息……
一下吧！
那好吧，原
地休息。
你搞错来这里
的目的了吧？
饿死了，我要
大吃一顿。

科普小知识 预防肥胖该如何吃？

对于孩子来讲，减肥方法必须得当，否则就会导致营养不良，影响健康发育。要想孩子不再肥胖，就要控制好孩子的体重，合理饮食是关键！

一、少吃胆固醇含量高的食物

家长不要无节制地让孩子吃猪排、炸鸡、烤鸭、红烧肉、奶油蛋糕、巧克力等食物，少吃奶酪、动物内脏及各种油煎食品。过多进食以上食物会引起高血脂症及肥胖症。

二、控制饭量

应适当控制肥胖小孩的饮食进量，且宜搭配些粗粮，控制体重，避免增加心脏负担。

三、多吃菌藻类食物

紫菜、香菇、蘑菇、木耳、海带等均属于菌藻类食物。菌藻类食物中的成分可有效降低体内胆固醇，预防高脂血症，对肥胖小孩大有益处。

四、多吃蔬菜、水果

新鲜果蔬中含有各种维生素及矿物质，能增加血管弹性，降低胆固醇，抑制血小板聚集，促进排泄。蔬菜热量少，其中的纤维素也有通便作用，有利于减肥。

为什么睡觉前要用热水泡脚？

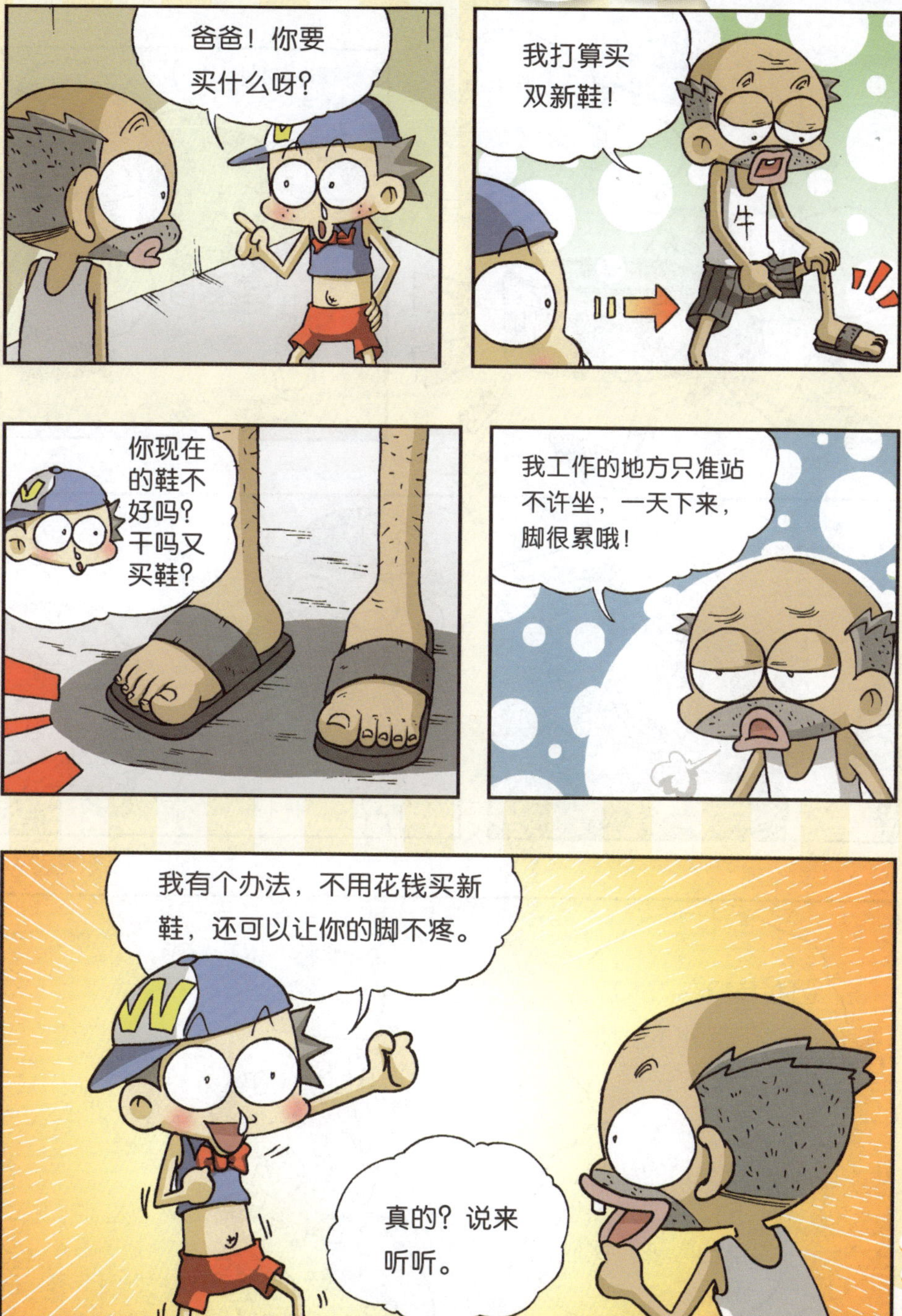
爸爸！你要
买什么呀？
我打算买
双新鞋！
牛
你现在
的鞋不
好吗？
干吗又
买鞋？
我工作的地方只准站
不许坐，一天下来，
脚很累哦！
我有个办法，不用花钱买新
鞋，还可以让你的脚不疼。
真的？说来
听听。

爸爸！
睡前用热水泡脚绝对有效。
现在你就把脚放进去试试。
儿子，你真好。
哇！睡前泡个热水脚好舒服，我感到全身热血沸腾！
嘻嘻！知道为什么睡前用热水泡脚好吗？
为什么？
因为我们白天大部分时间都处于坐或站的状态下，
受重力的影响，下肢的血液要回流到心脏，比较困难！

睡前用热水泡脚可以促进足部的血液循环，加快血液回流到心脏。
哦！
另外热水泡脚不仅刺激了足底，还可以缓解足部肿痛，养护心脏。
儿子，你真是一片孝心呀！
是不是很舒服呀？
咦？
儿子，你怎么会有钱买这个？
你该不会是拿存钱罐里的钱去买的吧？！
!!
臭小子，你这个不孝子，打死你！
啪
啪
爸爸！我知道错了！别打了！

为什么要多吃粗粮？

阿——
阿——
噎！！
蛋糕呀！
肥肥，瞧你干的好事！我不吃不喝好几天，期待的蛋糕全被你毁了！
抱歉……
不会吧？阿歪你便秘得连饭都不吃啦？
之前吃了那么多，拉不出来，
囤积在肚子里，难受死了！
肚子大得像个孕妇……

你应该多吃一些粗粮。
粗粮？
现在的食物都是精细加工，不但营养成分被破坏了，
而且消化后的食物残渣少，很难刺激大肠，容易便秘。
粗粮却保持了食物很多原有的营养物质。
像谷物类，如玉米、小米、红米、黑米、紫米、高粱、大麦、燕麦、荞麦等。
豆类，有黄豆、绿豆、红豆、黑豆、青豆、豌豆、蚕豆等。
块茎类，有红薯、山药、马铃薯等。

这些食物被称作肠道的清道夫，平日多吃，不但不易便秘，
还可以使皮肤光洁，就连体态也会变得轻盈！
噢！
数日后
早上好！各位！
！！！
我吃了粗粮后，大便通畅了，皮肤也闪亮有光泽！哈哈！
……
……

粗粮的好处

玉米

玉米中含有大量的植物纤维素，能加速排出体内毒素，其中的天然维生素E则有促进细胞分裂、延缓衰老、降低血清胆固醇、防止皮肤病变的功能。所以玉米对治疗和改善青春痘有一定的作用。

玉米胚尖所含的营养物质有增强人体新陈代谢、调整神经系统的功能，能起到使皮肤细嫩光滑，抑制、延缓皱纹产生的作用。

红薯

红薯中富含丰富的胡萝卜素和维生素A，能维持正常的视觉功能。

红薯中所含纤维相当于米面的10倍，其质地细腻，不伤肠胃，能加快消化道蠕动，有助于排便，清理消化道。

燕麦

燕麦米煮的粥或未经烹制的燕麦麸富含镁和维生素B1，也含有磷、钾、铁、泛酸、铜和膳食纤维，可以降低胆固醇，对脂肪肝、糖尿病、便秘等有辅助疗效。燕麦片可以改善血液循环，促进伤口愈合。

豆类

大豆是现有农作物中蛋白质含量最高，开发潜力最大的一种。食用豆类的蛋白质含量大多在20%—30%之间，高者可达34%以上。

嘴唇为什么是红的?

今天一定要在小美面前好好表现才行。
阿歪和小美相约今天一起逛街。
然后顺势向她表白，一定会事半功倍！
小美，让你久等了！

没关系，我也是刚刚到啦。
眼睛清澈透亮
嘴唇娇嫩迷人
哇，好美……
小美就算不打扮也美似仙女呢！
本想涂口红的，竟然找不到了，有点美中不足呢！

小美的嘴唇不涂口红也一样红哦。
这是当然的啦。
脸部是人体很重要的组成部分，
聚集着很多血管。
嘴唇是脸部最敏感和柔软的地方，所以嘴唇上的血管特别多。
而且嘴唇的外皮很薄，是透明的，表皮下流动的血就会透出来，让我们看得很清楚。
所以嘴唇看起来就是红色的。
原来如此。
等一下阿歪给我买支口红吧。
没问题，包在我身上。

阿歪，
我就要这个牌子的口红！
请问这支口红多少钱？
99元！
不会吧？
存了一个月的零花钱一转眼就没了……
阿歪你真好！下次我们再出来玩吧！

为什么指甲剪了还会长？

超酷哦！

真好看。
超级怪兽
哇！这只怪兽的手指甲太酷了！
呀哈哈！
要是我也有这么长的指甲就好了，超酷！
好，就这么决定了，我要做一只超级怪兽！
包扎起来！

阿歪，你干吗用纱布包住手掌啊？
唔……我的手受伤了，正在治疗。
真烦，指甲没剪几天又变长了。
知道手指甲为什么剪了会再长吗？
为什么？
在每一个手指头上都有个叫甲根的地方，
它是指甲的生产工厂。
动脉
静脉
皮肤
骨
指甲
甲根

指甲是由硬角质蛋白组成的。
指甲
这种蛋白从表皮细胞演变而来，因为表皮细胞从出生到死亡，都在不断地进行新陈代谢，所以指甲角质蛋白也会不断生成。
组成指甲的角质蛋白
表皮细胞
角质蛋白
那指甲要怎样才会长得更快呢?
爱咬指甲的人和理发师的指甲生长相对较快。
为什么?
外部刺激
因为指甲不断地受到刺激，长得更快。
我知道了!
嘿嘿，只要刺激指甲，我的计划进度就可以提速!

哇！怪物呀！
怪物呀！
怪物呀！
果然大家都觉得我很酷，嘿嘿！
嗨，老师你觉得我的指甲酷吗？
挺酷的！
啪——
啪——
啪
啪——
到我办公室来一下！
呜……干吗这样？！

科普小知识 嘴唇干裂的几大原因

天气干燥、缺少水分

在干燥的季节里，嘴唇会容易发干，这个时候很多人就会用舌头舔嘴，虽然唾液暂时湿润了嘴唇，但很快就会被蒸发掉，同时再带走嘴唇本来就匮乏的水分，导致嘴唇越来越干。

身体缺少维生素

嘴唇周围有一圈发红的区域叫“唇红缘”，它的湿润全靠局部丰富的毛细血管和少量发育不全的皮脂腺来维持。由于秋冬季人体皮肤黏膜和血液循环差，如果新鲜蔬菜吃得少，维生素B2、维生素 A 摄入量不足，嘴唇就容易干燥、开裂。

唇炎

如果总是感到嘴唇干裂，有可能是维生素B2缺乏、消化不良引起的，也有可能是慢性唇炎，最好请医生帮助诊断。另外口腔有疾病，也会导致嘴唇干裂，所以还要注意口腔清洁。如果唇部干裂、结痂长期不愈，应及时到医院就诊，对症治疗。

其他因素

对某些化妆品或阳光过敏、情绪波动幅度过大、上火、饮食不均衡等，均易引起嘴唇干裂。

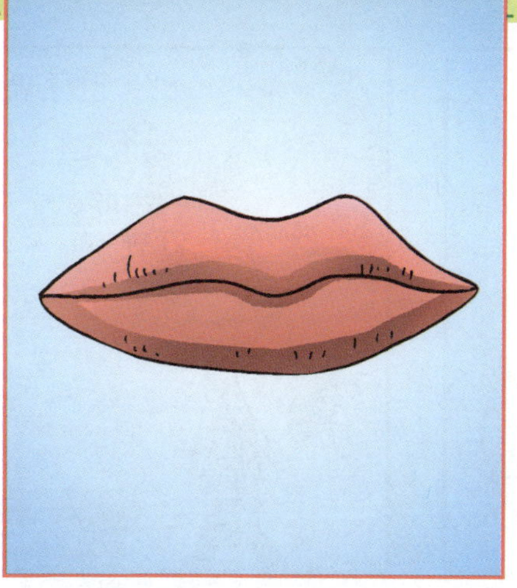

为什么会打哈欠？

啊哈！

班上正在进行课堂测试。
嗯？
阿歪，我要检查一下你的笔盒。
里面就一支笔，看来是我冤枉阿歪了。
嗯，阿歪表现不错！
谢谢老师。

把这个放在桌上，老师就会以为里面有答案……
这样老师就不会注意我的帽子，因为答案……
……就在帽子里！嘻嘻嘻。
答案
呵……
咦，不会吧？阿歪这么快就做完了，竟然在睡觉。
怎么可能？我都没做完。我可是全班第一呀。
考试时间到。交卷！
交……交卷了。
哇，怎么试卷上全是口水？

第二天晚上
老师打电话说你考试睡觉，把试卷都弄糊了！
烧完这三炷香你才能起来!
……
都已经12点了，让他睡吧！
我不管，烧完三柱香他才能睡！
你不困吗？
呵……
不困。
老妈，人为什么会打哈欠呀？
困的时候打哈欠，表示大脑已经疲累，是在提醒你该休息了！
谁说的？我清醒得很。打哈欠让我肌肉放松，深呼吸可以使血液中增加氧气，排出更多的二氧化碳，现在我精力充沛！
你说得有道理！
呵！
打哈欠是深呼吸运动，可以提高大脑活力，增加供氧。

氧气
打哈欠使我们的咽喉扩张，让更多的空气进入肺部，从而增加血液中的氧气,使血液中的二氧化碳及时排出体外。
过多的二氧化碳积累在体内会引起胸腔沉闷，使身体各器官产生疲劳感。
二氧化碳
这样呀！
根本没听呀！
嗖
老公你看，香都烧完了。
呵！
时候不早了，那就睡吧。
别以为我不知道，明天继续跪。

输血前为什么要验血型？

好痛……
呜……
肥肥！
肥肥，你没事吧？
肥肥头破了，流了好多血啊。
要打120才行啊。
肥肥，都怪我不好。
医生，肥肥他现在是什么情况呀？
他因为失血过多导致休克。

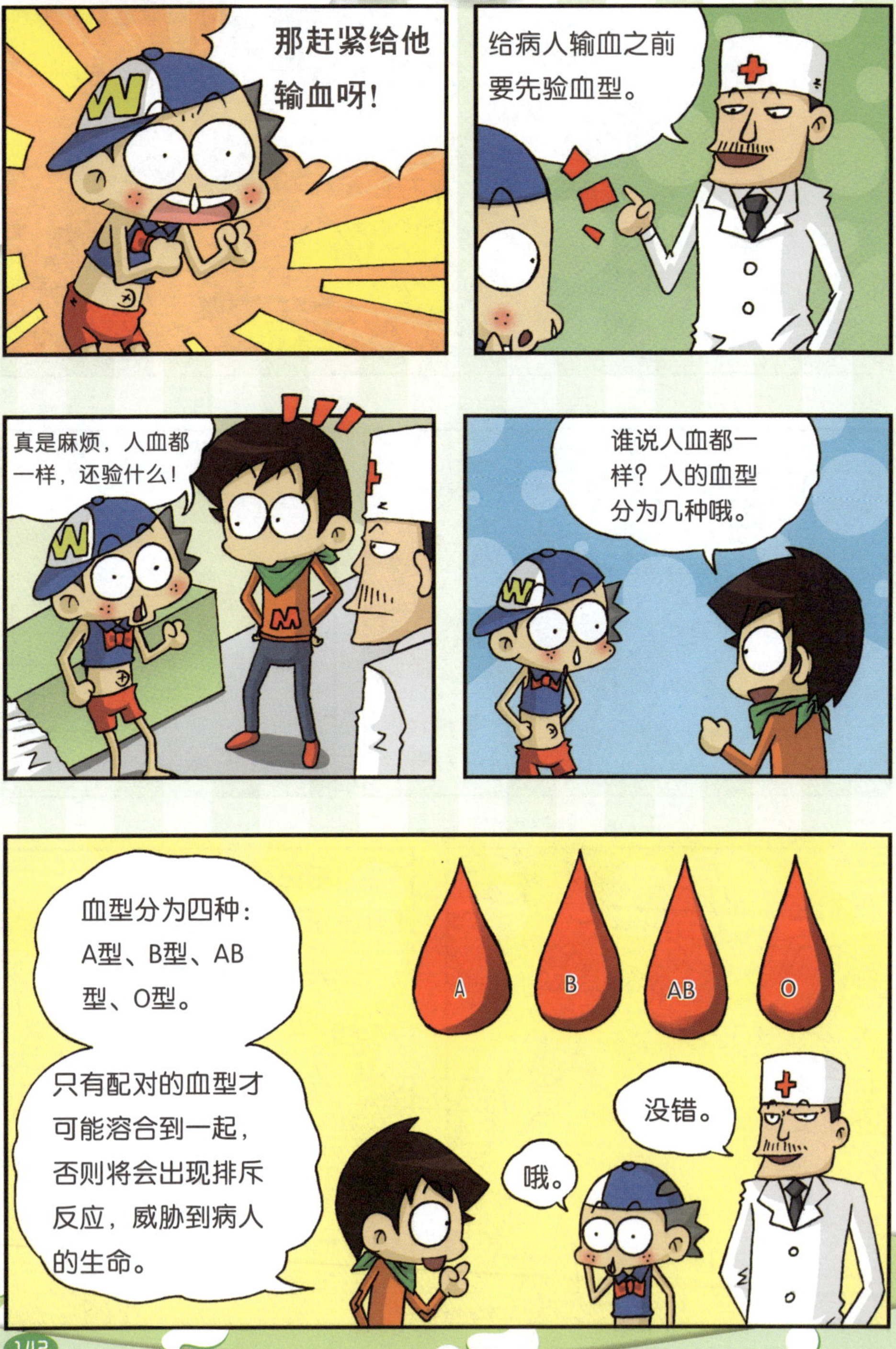
那赶紧给他输血呀！
给病人输血之前要先验血型。
真是麻烦，人血都一样，还验什么！
谁说人血都一样？人的血型分为几种哦。
血型分为四种：A型、B型、AB型、O型。
A
B
AB
O
只有配对的血型才可能溶合到一起，否则将会出现排斥反应，威胁到病人的生命。
没错。
哦。

那你带我们去验血型吧。
走吧。
请等一下，马上给你们抽血。
开始吧！
……
哇！这么粗的针管啊，我不验了！

科普小知识 血型和性格

血型与性格之间有着密切的关系，测测看，你是哪类性格的血型吧！

A 型

A型人的本质：重视外界反应，完美主义。

A型人的思维方式：对事物的理解有条有理，非常细腻、深入，但有些死板，容易拘泥于形式。因此，有时容易自以为是。误解他人的意思时会勃然大怒，显得缺乏耐性。

B 型

B型人的本质是我行我素，兴趣广泛。B型人对外界反应和舆论顾虑较少。

AB 型

AB型的人聚合了A型和B型的特点，拥有感情细腻和敏锐等特征。善于待人接物，追求平衡关系，讨厌口是心非的人，具有强烈的批评精神。

O 型

O型血的人富于现实感，能够迅速、冷静、准确地对利害得失进行分析和判断。目的性比较强，确定目标后，会果断地采取措施，并且不达目的不罢休。

吃饱饭后为什么会犯困？

哈！还是大自然的空气最清新。
只吸入了新鲜空气，肚子还是空空的，好饿哦！
你就知道吃……
笑
快看，那里有一间小屋，我们去看看有没有人吧！
嗯。

大妈您好，我们是来这儿游玩的，肚子饿了想问您要点东西吃……
脸皮厚
真是帮可爱的小孩！来吧，我做东西给你们吃。
我给你们蒸了好吃的红薯哦。
红薯！
哇～
红薯真好吃。
好甜哦。
哈哈！

吃了四个红薯，好饱哦！
有点想睡了！
肥肥，这里不是你家，不能睡在这里！
没关系啦，让他小睡一会儿吧。
阿明，为什么吃饱后就会犯困呢？
吃饱后，体内的血液集中到胃部帮助消化食物，大脑中的血液就会减少。
大脑供血不足，人就迷迷糊糊的，想睡觉。
原来是这样呀，难怪肥肥睡得这么香。

肥肥睡得好香，不忍心叫醒他。
Z
Z
Z
你们今晚住在这里也没关系哦！
好哦！
可以在山上过夜，真是太棒了！
警察大哥！我们的儿子都不见了，请你一定要帮我们找到啊！
如果你要在朋友家过夜，记得通知父母哦，不然……

为什么会长皱纹？

嘻。

明天是小美生日，送这瓶护肤霜给她，她一定会很开心。
说不定会……
叫你去买点心，去了一个小时才回来！干吗去了？
这不是护肤霜吗？你买它来做什么？
糟了！

呵呵，我是……我是……买给你的！
没想到你这么关心我，送你爱心香吻！
哇！别激动啦！
香吻就免了。
这个护肤霜很有效，擦了以后永远十八岁哦。
那我可得试一试。
赶紧开溜！
哇！
惊吓过度！
阿明，你找我有事吗？
我刚才看见你买了瓶护肤霜。
是不是打算送给小美呢？

嘘——别让我爸听到，不然我会被他剥皮的！
皱纹是岁月留下的痕迹，怎么可能轻易就能抹去呢？
……
人的皮肤分为三层，分别是表皮、真皮和皮下组织。真皮是决定皮肤弹性与韧性的关键所在。
表皮
真皮
皮下组织
真皮层中的胶原蛋白和水分逐渐流失、皮下脂肪减少、皮肤失去弹性，就会产生皱纹。
皱纹是皮肤老化的结果，一般来说，年龄越大，皱纹越多。
皮肤水分不足、长期睡眠不足、过度暴晒和长期吸烟饮酒等，容易导致皱纹的产生。
……

平时注意多喝水、多吃蔬果、多运动、少熬夜，皱纹就不会那么快长出来了。
我知道了！
咦？我好像还有什么事要告诉你呢！
为什么用了那个护肤霜，皮肤变得更加皱了？！
对了，我刚才在街上看见你买护肤霜的那家店因为售假货被查封了！
什么？
阿歪，你给我站住！
救命呀！
就知道结局是这样！

科普小知识 能让你变漂亮的水果

樱桃

樱桃不仅富含维生素C，而且含铁极其丰富，是山楂的13倍，苹果的20倍。除了含铁量高之外，它还含有平衡皮脂分泌、延缓老化的维生素A，可以帮助活化细胞、美化肌肤。

石榴

石榴已经被证实具有很强的抗氧化作用。它含有一种叫鞣花酸的成分，可以使细胞免受环境中的污染、紫外线的危害，滋养细胞，减缓肌体的衰老。

葡萄

葡萄含有大量葡萄多酚，具有抗氧化的功能，它还含单宁酸、柠檬酸，有强烈的收敛效果及柔软保湿作用。

另外，葡萄果肉蕴含维生素B3及丰富矿物质，可深层滋润皮肤、抗衰老、促进皮肤细胞更生。

柠檬

柠檬中含有维生素B1、维生素B2、维生素C等多种营养成分。此外，还含有丰富的有机酸、柠檬酸，具有很强的抗氧化作用，对促进肌肤的新陈代谢、延缓衰老及抑制色素沉着等都十分有效。

柚子

柚子中含有的一种柠檬酸已被普遍应用于护肤领域。这种成分能帮助死皮细胞代谢和排出，从而使皮肤恢复光滑、重现光彩。

黄瓜

黄瓜的味道鲜美，脆嫩清香，备受瘦身人士的推崇。它含有丰富的果酸，能清洁、美白肌肤，消除晒伤和雀斑，缓解皮肤过敏。

为什么会长高？

一万年以后吧！
矮冬瓜！
啪
PA!
PA!
PA!
我挡！
我挡！
矮冬瓜还想碰到我的球……
跳
跳
我挡！
！！
做梦吧你！

可恶!
等我以后长高了,一定要强葛好看。
……
阿明!有没有让人快速长高的方法?
这个嘛!
人会长高是因为骨骼在不断生长。
人体有206块骨头,对长高有直接影响的是腿骨和脊椎骨。
腿骨
脊椎
腿骨的长短对人体身高起决定作用。每一块长型骨头的两端和扁骨的四周,有一种不断增生的骨头细胞。这种细胞不断增殖和骨化,导致骨头不断增长,人的个子也越来越高。

那我还会不会长高？
放心啦！咱们男生可以长到二十几岁。
加强锻炼可以帮助长高哦！
嗯！
强葛你给我等着！
将来我一定要高过你！
真是有干劲儿！

为什么会长青春痘？

人家的心情都这么糟了，你还笑得出来。
你的脸看起来比你的心情更加糟糕呢！
那我该怎么办呀？小美一看见我的青春痘就不喜欢我了，呜呜……
不要急，不要慌啦。
首先，你要多吃蔬菜。
比如胡萝卜、菠菜、青椒、花椰菜，都具有很强的抗菌作用。
可是我比较喜欢吃鸭腿鸡翅呀！
不许再吃了！

脸上容易长痘，主要是因为皮脂腺分泌旺盛，导致油脂过多，排不出来，堵塞毛孔，细菌大量繁殖，皮肤发炎红肿，从而形成暗疮和小痘痘。
要想油脂分泌不那么旺盛，就要管住自己的嘴巴！
你平时是怎么对待你脸上的痘痘的？
我挤！
青春痘挤破易感染，并且容易导致脸部皮肤粗糙。
我擦！
化妆品使用不当也会出现新的痘痘。
我搓！
使用强碱性的肥皂并且用力搓洗皮肤，容易破坏皮肤的酸碱值，皮肤反而会更加油腻。
难怪你会长那么多！

记住多吃蔬果，少吃油脂过多的食物。
嗯……
为了小美，
我不吃鸭腿了！
一个月后
小美，我脸上没有痘痘了，请和我交往吧！
噗
哇
我讨厌经常放屁的男生！
第200次被拒绝！

科普小知识

如何防治青春痘

知道你为什么会长青春痘吗？这代表你已经步入青春期了！不过，满脸的痘痘真的很不好看，就让阿歪来告诉你如何预防吧！

过量吃甜食是长青春痘的重要因素，糖分多的蛋糕及碳水化合物多的点心可不能多吃。

被子、床单、枕头、毛巾等要保持清洁。时常在阳光下曝晒是最好的消毒方式，紫外线具有杀死细菌的作用。

适度运动可促进新陈代谢，对身体及肌肤都有好处。每天运动十分钟，是保持美丽肌肤的小秘诀。

快餐、薯片等垃圾食品，容易造成毒素堆积。爱吃宵夜不仅对胃不好，而且会造成便秘，引发痘痘。

无论多忙，晚上十一点前请上床睡觉吧。肌肤的新陈代谢通常在晚上十一点到半夜两点间进行，熬夜只会让脸上的痘痘越来越多。

多吃蔬菜，如胡萝卜、菠菜、青椒、花椰菜等，可以增强肌肤对细菌的抵抗力，当然均衡的饮食也很重要。

皮肤的清洁很重要。应彻底清洁肌肤，清除皮肤上的灰尘、油垢。若遇面部尘埃、油脂较多，应及时用温水冲洗。

阿歪的百科小测验

阅读完这本书，想必你们也知道了不少关于自己身体的小知识吧！现在就让阿歪小博士考考你们！准备好了吗？请把正确答案圈出来哦！

1.为什么会打喷嚏？

A.鼻子过敏　　B.排出刺激物的方式

2.怎样预防呼吸道传染病？

A.注意个人卫生　　B.把门窗关牢

3.脐带有什么作用？

A.运输营养给肚子里的婴儿　　B.呼吸

4.味觉出现迟钝现象要吃含什么元素的食物？

A.铅　　B.锌

5.腋毛有什么作用？

A.性感　　B.减少皮肤间的摩擦

6.要怎样做肚子才不会咕咕叫？

A.准时吃饭　　B.吃很多东西

7.吃什么东西可以养胃？

A.木瓜　　B.酒

8.睡前做什么会导致失眠？

A.喝牛奶　　B.喝咖啡

9.如何预防肥胖？

A.多吃肉　　B.少吃多餐

脑筋急转弯

1

黄皮肤的人是黄种人，请问绿皮肤的人属于哪一种？

2

天越来越冷，为什么克鲁斯不多加衣服，反而还要脱衣服？

3

什么人生病从来不看医生？

4

老张天天掉头发，只有一种办法使他永远不掉头发。是什么呢？

5

你身上的什么东西，你用右手去拿，永远也拿不到？

6

为什么胖的人比瘦的人怕晒？

7

卡尔工作时一直闭着眼睛，从不睁开。他究竟是做什么工作的？

8

谁的脑子记的东西最多？

答案

1.新品种
2.他正准备洗澡
3.盲人
4.把头发剃光
5.右手
6.因为胖的人光照面积大
7.假装瞎子乞讨
8.电脑

拼一拼

你能找出右图中各张图片分别是在左图中哪个位置的吗？请将正确的数字序号写在括号里。

1
2
3
4
5
6
7
8
9
10
11
12

阿歪要怎么走才能找到小美和阿明？请你带他走出迷宫！

健康连连看

1. 打呼噜

2. 失眠

3. 没有味觉

4. 近视

阿歪和他的伙伴们身上都有些小毛病，你能帮他们找到相应的预防和治疗方法吗？请用笔连起来。

睡前喝蜂蜜

多吃含钙的食物

睡前喝热牛奶

多吃含锌的食物

图书在版编目(CIP)数据

爆笑十万个为什么. 人体探秘. 下 / 圣家文化著 ; 牛八编绘.
-南昌 : 二十一世纪出版社集团, 2016.3 (2016.8重印)
ISBN 978-7-5568-1274-5

Ⅰ.①爆… Ⅱ.①圣… ②牛… Ⅲ. ①科学知识-儿童读物
②人体-儿童读物 Ⅳ. ①Z228.1②R32-49

中国版本图书馆CIP数据核字(2015)第233935号

爆笑十万个为什么② 人体探秘(下) 牛八 编绘

出版人 张秋林
责任编辑 闵 蓉
特约编辑 顾梦莹
出版发行 二十一世纪出版社集团
(江西省南昌市子安路75号 330025)
www.21cccc.com cc21@163.net
承 印 江西宏达彩印有限公司
开 本 889mm×1340mm 1/32
印 张 5.5
版 次 2016年3月第1版
印 次 2016年8月第3次印刷
印 数 15,001-25,000册
书 号 ISBN 978-7-5568-1274-5
定 价 20.00元

赣版权登字—04—2015—776